Khalil Gibran

Sprich uns von der Liebe

Worte des Propheten

*Aus dem Englischen übertragen von
Sabine Burkard*

Die Ankunft des Schiffes

Worte der Liebe

Der Abschied des Propheten

Prophet,
der du auf der Suche nach den
allerletzten Dingen bist, du musst nun gehen.
Um eines aber bitten wir dich, ehe du uns verlässt:
Lass uns teilhaben an deiner Wahrheit.
Offenbare uns, was du über uns erfahren hast,
auf dass wir uns selbst erkennen und
erzähle uns alles, was dir vor Augen geführt wurde.

Und so sprach er von der Liebe:

Wenn die Liebe euch lockt, folgt ihr,
auch wenn ihre Wege anstrengend und steil sind.
Und wenn sie euch mit ihren Flügeln umarmt,
gebt euch ihr hin,
selbst auf die Gefahr, dass euch das Schwert,
das sich unter ihren Fittichen verbirgt,
verwunden könnte.
Und vertraut dem, was sie euch sagt,
auch wenn sie allein mit ihrer Stimme
eure Träume genauso zerschlagen kann,
wie der kalte Nordwind den Garten verwüstet.

Die Ankunft des Schiffes

Die Ankunft

Almustafa, der Auserwählte und Geliebte, der für
seine eigene Zeit wie das Anbrechen eines neuen
Tages war, hatte zwölf Jahre in der Stadt Orphalese
darauf gewartet, dass sein Schiff zurückkehren werde,
um ihn zur Insel seiner Geburt zurückzubringen.
Und im zwölften Jahr, am siebten Tag von Ielool,
dem Monat der Ernte, stieg er auf den Hügel
außerhalb der Stadtmauern hinauf und blickte
hinaus auf die See; und er nahm ein Schiff wahr,
das sich mit dem Dunst näherte.
Da wurden die Tore seines Herzens aufgestoßen,
und seine Freude flog weit hinaus auf das Meer.
Und er schloss seine Augen und zog sich in die Stille
seiner Seele zurück, um zu beten.

Aber als er wieder von dem Hügel herabstieg,
befiel ihn eine solche Traurigkeit, dass er in seinem
Herzen dachte:
Wie kann ich es schaffen, in Frieden und ohne Trauer
zu gehen? Nein, ich kann diese Stadt nicht ohne eine
Wunde im meinem Geiste verlassen.

Viele qualvolle Tage habe ich in ihren Mauern verbracht und viele einsame Nächte; und wem gelingt es, sich von seiner Qual und seiner Einsamkeit ohne Bedauern zu lösen?

Zu viele Bruchstücke meines Geistes habe ich verstreut in diesen Straßen, von denen zu viele die Kinder meiner Sehnsucht sind. Kinder, die unbekleidet in diesen Hügeln wandeln, und es gelingt mir nicht, mich von ihnen zurückzuziehen, ohne dass es mich belastet und schmerzt.

Es ist nicht einfach ein Gewand, das ich am heutigen Tag abwerfe, sondern eine zweite Haut, die ich mit meinen eigenen Händen abreiße.

Und es ist auch nicht einfach ein Gedanke, den ich zurücklasse, sondern ein Herz, süß von Hunger und Durst.

Doch ich darf hier nicht länger verweilen.

Die See, die alle Dinge zu sich ruft, ruft auch mich, und ich muss an Bord gehen.

Denn hier zu bleiben, obwohl Stunden sich in die Nacht hineinbrennen, würde bedeuten, zu Eis oder zu einem Kristall zu werden oder wie Metall in einer Gussform zu erstarren.

Wie gern würde ich alles von hier auf meine Reise mitnehmen. Aber wie soll ich das bewerkstelligen?

Der Klang einer Stimme kann die Zunge und die Lippen, die ihr Flügel verliehen haben, nicht mit sich davontragen. Es bleibt ihr nichts anderes als allein in den Äther aufzusteigen.

Und genauso allein ist der Adler, der erst wenn er sein Nest hinter sich zurückgelassen hat, an der Sonne vorüberfliegen wird.

Sobald er am Fuß des Hügels angelangt war, wandte er sich wieder der See zu, und da bemerkte er, wie sein Schiff sich dem Hafen näherte, und dass an seinem Bug die Seeleute, alle Männer aus seiner Heimat, standen.

Und seine Seele rief ihnen entgegen:

Ihr Söhne meiner altehrwürdigen Mutter,

ihr Reiter der Gezeiten,

wie oft seit ihr durch meine Träume gesegelt, während ich schlief. Und nun kommt ihr, während ich erwache.

Mein Erwachen ist jedoch mein tieferer Traum.

Ich bin mehr als bereit aufzubrechen: Mein Eifer hat bereits alle Segel gesetzt und wartet auf günstigen Wind.

Nur noch einen Atemzug will ich in dieser stillen Luft tun, nur noch einen liebevollen Blick zurückwerfen.

Und dann werde ich einer von euch sein, ein Seefahrer unter Seefahrern.

Und nur zu dir will ich kommen, unendlich weite See, schlafende Mutter,
die nur du allein Friede und Freiheit für Fluss und Strom bist.
Nur eine weitere Windung wird der Strom zurücklegen, nur ein weiteres Murmeln auf dieser Lichtung wird er verlauten lassen.
Und dann will ich zu dir kommen, ein unendlicher Tropfen zu einem unendlichen Ozean.

Als er ging, sah er aus der Ferne, wie Männer und Frauen ihre Felder und ihre Weinberge verließen und in Richtung der Stadttore eilten.
Er hörte, wie ihre Stimmen seinen Namen riefen und wie sie einander vom Einlaufen seines Schiffes berichteten, indem sie es sich von Feld zu Feld zuschrien.
Und sich selbst fragte er:
Wird dieser Tag der Trennung der Tag der Zusammenkunft sein?
Und wird man einmal sagen, dass dieser Abend tatsächlich der Anbruch eines neuen Tages für mich war?
Was werde ich dem geben können, der seinen Pflug mitten in der Furche liegen ließ, die er gerade begonnen hatte, oder dem, der das Rad seiner Weinpresse anhielt?

Wird mein Herz sich in einen Baum verwandeln, der sich unter der schweren Last seiner Früchte beugt? Früchte, die ich sammeln und ihnen geben kann? Und wird mein Verlangen wie ein Springbrunnen sprudeln, so dass es mir gelingen wird, ihre Becher zu füllen?

Bin ich eine Harfe, die die Hand des Allmächtigen zupfen kann oder eine Flöte, durch die sein Atem strömen kann?

Ich bin ein Suchender auf der Suche nach stillen Momenten. Aber welche Art von Schatz habe ich in diesen stillen Momenten gefunden, dass ich ihn voll Zuversicht verteilen könnte?

Wenn dies wirklich der Tag meiner Ernte ist, während welcher in Vergessenheit geratener Zeiten und auf welchen Feldern habe ich dann die Saat ausgesät?

Sollte dies tatsächlich die Stunde sein, in der ich meine Laterne hochhalte, so wird es dennoch nicht meine eigene Flamme sein, die darin brennt.

Leer und dunkel wird meine Laterne sein, wenn ich sie hochhebe, und erst der Wächter der Nacht wird sie mit Öl füllen, und erst er wird sie dann auch entzünden.

Diese Dinge fasste er in Worte. Doch vieles, was er auf dem Herzen hatte, blieb unausgesprochen.

Denn es war ihm unmöglich, sein tieferes Geheimnis auszusprechen.

Als er die Stadt betrat, kamen ihm alle Bewohner entgegen und flehten ihn wie mit einer einzigen Stimme an. Und auch die Ältesten der Stadt traten vor und baten: Verlass uns noch nicht!

Der hellichte Mittag warst du für unser Zwielicht, und deine Jugendlichkeit gab uns Träume zum Träumen. Du bist für uns weder ein Fremder noch ein Gast, sondern vielmehr wie unser Sohn, und wir lieben dich aufs Innigste.
Lass unsere Augen nicht bereits jetzt nach dem Anblick deines Gesichts hungern.

Und die Priester und Priesterinnen sprachen zu ihm: Lass die Wellen der See uns nicht bereits jetzt voneinander trennen und die Jahre, die du in unserer Mitte verbracht hast, bereits jetzt zu einer Erinnerung werden.
Dein Geist ist unter uns umhergewandelt, und dein Schatten hat ein Licht auf unsere Gesichter geworfen. Wir haben dich sehr geliebt. Aber unsere Liebe blieb unausgesprochen und verhüllt von Schleiern.
Jetzt jedoch fleht sie dich laut an und möchte sich vor dir offenbaren.

Aber schon immer war es so, dass Liebe nichts von ihrem Ausmaß weiß, ehe die Stunde der Trennung bevorsteht.

Und auch andere kamen und flehten ihn an. Aber er erwiderte nichts auf ihr Flehen. Er senkte nur seinen Kopf, und die, die nahe bei ihm standen, sahen seine Tränen auf seine Brust fallen.

Und er und die Leute bewegten sich in Richtung des großen Platzes vor dem Tempel.

Und es trat eine Frau aus dem Heiligtum, deren Name war Almitra. Sie war eine Seherin.

Er blickte voll überschwänglicher Zärtlichkeit auf sie, denn sie war es gewesen, die ihn zuerst aufgesucht und an ihn geglaubt hatte, und das obwohl er gerade erst einen Tag in der Stadt gewesen war.

Sie grüßte ihn mit folgenden Worten:

Prophet Gottes, der du auf der Suche nach den allerletzten Dingen bist, seit langem hast du den Horizont nach deinem Schiff abgesucht.

Jetzt ist dein Schiff da, und du musst gehen.

Tief ist dein Verlangen nach dem Land deiner Erinnerungen, dem Hort deiner größeren Sehnsüchte.

Und weder unsere Liebe noch unsere Bedürfnisse würden dich hier festhalten.

Aber um eins bitten wir dich, ehe du uns verlässt –

nämlich darum, dass du uns eine Rede hältst,
mit der du uns Anteil an deiner Wahrheit haben lässt.
Und wir werden deine Wahrheit an unsere Kinder
weitergeben, und diese wiederum an ihre Kinder,
so dass sie nie vergehen wird.
In deiner Zurückgezogenheit hast du mit unseren
Tagen gewacht und in deiner Wachsamkeit hast du
zugehört, wie wir im Schlaf weinten und lachten.
Offenbare nun, was du so über uns erfahren hast,
auf dass wir uns selbst erkennen,
und erzähle uns alles, was dir im Hinblick
auf die Ereignisse zwischen Geburt und Tod
vor Augen geführt wurde.

Darauf entgegnete er:
Volk von Orphalese, wovon sonst kann ich sprechen
als von dem, was genau in diesem Augenblick eure
Gemüter bewegt?

Sprich uns von der Liebe

Da bat ihn Almitra: Erzähl uns von der Liebe!
Und während er seinen Kopf hob und auf die Leute
blickte, senkte sich Schweigen über sie. Mit mächtiger
Stimme sprach er folgendermaßen:

Wenn die Liebe euch lockt, folgt ihr,
auch wenn ihre Wege anstrengend und steil sind.
Und wenn sie euch mit ihren Flügeln umarmt,
gebt euch ihr hin,
selbst auf die Gefahr, dass euch das Schwert, das sich
unter ihren Fittichen verbirgt, verwunden könnte.
Und vertraut dem, was sie euch sagt,
auch wenn sie allein mit ihrer Stimme eure Träume
genauso zerschlagen kann, wie der kalte Nordwind
den Garten verwüstet.

Denn genauso wie die Liebe euch krönt, kann sie
euch kreuzigen. Genauso wie sie dafür Sorge trägt,
dass ihr wachst, kann sie dafür sorgen, dass ihr auch
wieder beschnitten werdet.
Genauso wie sie in eure Wipfel aufsteigt und eure
jüngsten Triebe, die im Sonnenschein flimmern,
liebkost, kann sie zu euren Wurzeln vordringen und
sie in ihren Grundfesten erschüttern.

Sie versammelt euch um sich wie Korngarben.
Sie drischt euch, um euch zu entblößen.
Sie siebt euch, um euch von euren Hülsen zu befreien.
Sie knetet euch, bis ihr geschmeidig seid.
Und schließlich überantwortet sie euch dem heiligen
Feuer, damit aus euch geheiligtes Brot für Gottes
heiliges Festmahl wird.

All dies wird euch die Liebe antun, um euch die
Möglichkeit zu geben, die Geheimnisse eurer Herzen
kennen zu lernen und durch diese Erkenntnis zu einem
Bestandteil des Herzens des Lebens selbst zu werden.
Aber solltet ihr aus Furcht in der Liebe nur den
Frieden und die Lust suchen, dann ist es besser für
euch, wenn ihr eure Blöße bedeckt, den Dreschboden
der Liebe verlasst und hinausgeht in jene fade,
jahreszeitenlose Welt, in der ihr zwar lachen und
weinen werdet, dabei aber niemals euer gesamtes
Lachen und all eure Tränen auskosten werdet.

Die Liebe gibt nichts als sich selbst
und nimmt nichts als sich selbst.
Die Liebe besitzt nicht, noch lässt sie sich besitzen.
Denn die Liebe ist sich selbst genug.

Wenn ihr liebt, dann dürft ihr nicht sagen: »Gott ist

in meinem Herzen.« Vielmehr müsst ihr sagen:
»Ich bin im Herzen Gottes.«
Und denkt nicht, ihr könntet den Lauf der Liebe
lenken, denn Liebe, wenn sie euch ihrer würdig
erachtet, lenkt euren Lauf.

Liebe hat kein anderes Verlangen, als sich selbst
zu erfüllen.
Aber wenn ihr liebt und von Verlangen übermannt
werdet, dann sollte dieses Verlangen darin bestehen,
zu schmelzen und wie ein dahinfließender Bach zu
sein, der der Nacht eine Melodie vorsingt,
den Schmerz zu großer Zärtlichkeit kennen zu lernen,
vom eigenen Verständnis der Liebe verletzt zu sein,
und gerne und voller Freude aus der durch dieses
Verständnis geschlagenen Wunde zu bluten.
Und dieses Verlangen sollte außerdem darin bestehen,
beim Anbruch des Tages mit geflügeltem Herzen
aufzuwachen und sich für einen weiteren Tag des
Liebens zu bedanken, am Mittag zu rasten und über
die Ekstase der Liebe nachzudenken,
gegen Abend voll Dankbarkeit nach Hause
zurückzukehren
und schließlich mit einem Gebet für eure Geliebten
in euren Herzen und einem Loblied auf euren Lippen
einzuschlafen.

Worte der Liebe

Die Seele

Der Gott aller Götter nahm einen Teil von sich selbst
und schuf daraus die Schönheit.
Er schenkte ihr die Zärtlichkeit der Morgenbrise,
den Wohlgeruch der Feldblumen und die Sanftheit
des Mondlichts.
Dann reichte er ihr den Kelch der Freude und sprach:
»Trink erst daraus, wenn du das Gewesene vergessen
hast und du das Zukünftige nicht beachtest!«
Und als er ihr den Kelch der Trauer reichte, sagte er:
»Wenn du hiervon trinkst, gelangst du zum Kern der
Freude!«
Und er schenkte ihr die Liebe, die sie mit dem ersten
Seufzer der Entfesselung verlässt – und die Anmut,
die mit dem ersten gesprochenen Wort entschwindet.
Er stattete sie mit dem Wissen des Himmels aus,
das sie auf den Pfad der Wahrheit führt, und verlieh
ihr Mitgefühl, damit sie sieht, was das Auge nicht
zu sehen vermag.
Selbst mit der Gabe der Zuneigung und der Vision
betraute er sie.

Dann legte er ihr das Gewand der Sehnsucht an, das
die Engel aus den Bahnen des Regenbogens gewebt
hatten. Schließlich schuf er in ihr die Finsternis der
Verwirrung, den Schatten des Lichts.
Und Gott nahm Feuer aus den Schmelztiegeln des
Zornes, Wind aus den Wüsten der Ahnungslosigkeit,
Sand von den Meeresküsten der Eigenliebe und Staub
von den Fußsohlen der Zeit, und er schuf daraus den
Menschen. Er gab ihm eine geheimnisvolle Kraft,
die im Wahnsinn entflammt und sich im Begehren
verzehrt. Dann hauchte er ihm das Leben ein,
denn das Leben ist der Schatten des Todes.
Und Gott lächelte und weinte. Er empfand eine Liebe,
die keine Grenzen und keine Hindernisse kennt.
Und er vereinte den Menschen mit seiner Seele.

Das Leben der Liebe

Frühling

Meine Geliebte, komm und lass uns über den
Morgentau laufen! Der Schnee schmilzt schon, das
Leben erwacht auf seiner Ruhestätte und schwingt
sich in die Täler. Komm, folgen wir dem Frühling

in die endlosen Felder! Steigen wir auf die Gipfel
und besichtigen wir die blühenden Täler!
Der Frühlingsmorgen hat sein prächtiges Gewand
ausgebreitet, während die Nacht des Winters das ihre
abstreifte. Er warf es den Pfirsich- und Apfelbäumen
über, und nun wirken sie wie Bräute in ihrer Hoch-
zeitsnacht. Die Weinreben sprießen, wie Verliebte
umarmen sich ihre Äste und Zweige. Die Bäche tanzen
im Felsgestein und stimmen in die Freudenklänge ein.
Blüten und Blumen quellen aus dem Herzen der
Natur hervor wie die Gischt aus dem Meer.
Komm, lass uns die Tränen des Himmels aus den
Kelchen der Narzissen trinken, lauschen wir den
Gesängen der Vögel und atmen die Düfte ein,
die jede Brise verteilt.
Komm, setzen wir uns zu den Veilchen an diesem
Felsen, und schenken wir uns den Kuss der Liebe!

Sommer

Meine Geliebte, komm auf die Felder, denn die Zeit
der Ernte naht! Die Saat reift, und die Sonne schenkt
ihr die Vollendung durch die Strahlen ihrer Liebe.
Lass uns aufbrechen, ehe uns die Vögel zuvorkommen
und die Früchte unserer Mühen ernten oder bevor ein
Heer von Ameisen unseren Platz einnimmt.

Komm, pflücken wir die Früchte der Erde, so wie
unsere Seelen die Früchte des Glückes ernten, das aus
der Saat der Treue gedeiht, welche die Liebe in unser
Herz säte. Füllen wir unsere Speicher mit den
Erträgen der Natur, so wie das Leben die Speicher
unserer Erinnerung anfüllt.

Meine Begleiterin, komm und legen wir uns ins Gras,
und decken wir uns mit dem Himmel zu. Lass uns ein
Bündel weichen Heus als Kopfkissen nehmen. So ruhen
wir aus von den Anstrengungen des Tages und lauschen
dem nächtlichen Wispern des Baches im Tale.

Herbst

Meine Geliebte, komm in die Weinberge! Lass uns die
Reben pressen und ihren Saft in Tonkrüge füllen, so
wie die Seele die Weisheit von Generationen in ihren
Tiefen aufbewahrt. Pressen wir die Blüten, und erhalten wir dem Auge ein Zeichen, das die Wirklichkeit
durch ein Symbol ersetzt.

Kehren wir nun heim, denn die Blätter sind gelb
geworden! Der Wind hat sie verstreut, und sie legten
sich wie ein Leichentuch auf die Blumen, die sich vor
Trauer verzehrten, als der Sommer von ihnen Abschied
nahm. Komm, die Vögel sind schon zur Küste aufge-

brochen, und mit ihnen verließ die Geselligkeit Gärten und Wiesen. Einsam blieb der Jasmin zurück, der die Erde mit seinen Tränen begießt.

Lass uns heimkehren, denn auch die Bäche brachen ihre Reise ab, die Freudentränen der Quellen versiegten, und die Hügel legten ihre glanzvollen Gewänder ab. Komm Geliebte, die Natur möchte schlafen und empfiehlt sich mit einem Wiegenlied.

Winter

Gefährtin meines Lebens, rück näher zu mir, rück näher! Der eisige Atem des Schnees soll unsere Körper nicht trennen. Setzen wir uns an den Ofen, denn das Feuer ist die köstliche Frucht des Winters. Erzähl mir, was die Jahrhunderte uns aufzeichneten, denn meine Ohren sind träge vom Seufzen des Sturmes und vom Wehklagen der Elemente. Schließ die Türen und Fenster, denn das grimmige Gesicht des Himmels bedrückt mich ebenso wie der Anblick der Stadt, die unter den Schneeschichten einer trauernden Witwe gleicht. Freuen wir uns an der Öllampe, die sich allmählich verzehrt. Lass sie neben dir, damit ich lesen kann, was die Nächte in dein Antlitz geschrieben haben. Bring uns den Weinkrug! Trinken wir daraus und erinnern wir uns an die Tage der Weinlese. Meine Geliebte, rück näher, denn das Feuer erlischt, und bald bedeckt es die Asche. Drück mich fester an dich. Das Licht der Öllampe ist schon verloschen, und Finsternis herrscht. Der Wein macht unsere Augenlider schwer. Sieh mich an mit deinen Augen, die die Nachtruhe mit Kohle schminkte. Umarme mich, bevor der Schlaf mich übermannt. Küss mich, denn außer deinem Kuss hat der Schnee alles erstickt. Meine Geliebte, wie tief ist das Meer des Schlafes, und wie weit ist der Morgen von dieser Welt entfernt!

Aus den Liebesbriefen an
May Ziadeh

New York, 5. Oktober 1923

Was denkst du, sollten wir nicht von der Rhetorik zur einfachen Herzenssprache überwechseln?

Du lebst in mir, und ich lebe in dir! Du weißt es, und ich weiß es auch.

Sind diese wenigen Worte nicht besser als alles, was wir bisher geschrieben haben? Was hat uns im letzten Jahr davon abgehalten, solche und ähnliche Worte auszusprechen? War es Scheu, war es Hochmut, waren es gesellschaftliche Konventionen? Oder was sonst? Diese Wahrheit war uns von Anfang an bekannt. Warum haben wir sie nicht mit der Offenheit und Ehrlichkeit behandelt, die aufrichtige und uneigennützige Gläubige auszeichnet? Hätten wir es getan, so hätten wir uns viel Zweifel, Kummer, Bedauern und Kontroversen ersparen können, jene Kontroversen, die den Honig des Herzens in Bitternis verwandeln und das Brot der Seele in Staub. Gott möge uns beiden verzeihen!

Wir sollten zu einer Übereinkunft gelangen. Wie könnten wir dies anders umsetzen, als dass jeder von uns beiden dem anderen volles Vertrauen schenkt. Ich sage dir, May, ich sage dir vor dem Himmel und der Erde und was zwischen ihnen liegt, dass ich nicht zu denen zähle, die »lyrische Zeilen« verfassen, um sie dann als Privatbriefe in alle Himmelsrichtungen zu verschicken; ich zähle auch nicht zu denjenigen, die morgens von ihrer Seele sprechen, die schwer an ihren Früchten trägt, und die abends ihre Seele, deren Früchte und das Gewicht der Früchte vergessen.

Auch zähle ich nicht zu jenen, die Heiliges berühren,
bevor sie ihre Finger mit Feuer gereinigt haben.
Ich bin nicht einer von jenen, die in ihren Tagen und
Nächten eine Leere empfinden und dann versuchen,
sie mit poetischen Spielen und Späßen auszufüllen ...

New York, Mitternacht
zwischen dem 1. und 2. Dezember 1923

In dieser Stunde bist du bei mir, May. Du bist bei mir.
Du bist *hier* bei mir, und ich spreche zu dir mit anderen, weit treffenderen Worten als diesen; ich spreche
zu deinem großen Herzen in einer Sprache der
Herzen, und ich weiß, dass du mich erhörst; ich weiß,
dass wir beide uns unzweideutig verstehen, und ich
weiß, dass wir in dieser Nacht dem Gottesthron näher
sind als jemals zuvor.

Von allen Menschen bist du es, die meiner Seele und
meinem Herzen am nächsten ist, und unsere Seelen
und unsere Herzen haben sich nie widersprochen.
Es waren unsere Gedanken, die sich widersprachen,
und die Gedanken sind unserer Umwelt entlehnt; sie
setzen sich aus dem zusammen, was wir sehen und
hören und was jeder Tag bringt. Seele und Herz aber

sind das absolut Göttliche in uns; sie sind gewichtiger und ursprünglicher als unsere Gedanken.

In Hülle und Fülle

Beständiger Hunger nach Liebe und Schönheit bestimmt meine Sehnsucht. Ich weiß, dass jene, die alles in Hülle und Fülle besitzen, nur elend sind. Mein Geist empfindet die Seufzer der Liebenden tiefer als die Musik der Lyra.

Geheimnisse des Herzens

Mein Geliebter,
wieder ist es Mitternacht geworden, und ich habe keinen Trost als meine strömenden Tränen und nichts, um mich zu stärken, außer meine Hoffnung, dass du zu mir zurückkehrst aus den blutigen Klauen des Krieges. Nur deine Worte, die du zum Abschied sprachst, kann ich nicht vergessen:

»Jeder Mensch hat ein gewisses Maß an Tränen in sich, die er zu treuen Händen gibt und die eines Tages zuückgegeben werden müssen.«

Ich weiß nicht, was ich sagen soll, mein Geliebter, doch meine Seele will sich bis zum Austrocknen verströmen, meine Seele, die unter der Trennung leidet, aber getröstet ist durch die Liebe, die jeden Schmerz zur Freude werden lässt und jeden Kummer zum Glück. Als die Liebe unsere Herzen verband und wir den Tag herbeisehnten, an dem unsere Herzen durch den mächtigen Atem Gottes vereinigt würden, ließ der Krieg seinen furchtbaren Ruf ertönen, und du folgtest ihm, von der Pflicht gegenüber den Führern bestimmt.

Aber was ist das für eine Pflicht, die Liebende trennt und Frauen zu Witwen und Kinder zu Waisen macht? Was ist das für eine Vaterlandsliebe, die Kriege heraufbeschwört und Königreiche durch Nichtigkeiten zerstört? Welcher Grund könnte mehr als nur geringfügig sein, wenn man ihn mit dem Wert eines Lebens vergleicht? Was ist das für eine Pflicht, die arme Dorfbewohner, die von den Starken und den Söhnen des Adels einzig mit Geringschätzung betrachtet werden, dazu aufruft, für den Ruhm ihrer Unterdrücker zu sterben? Wenn die Pflicht den Frieden zwischen den Völkern zerstört und die Liebe zum Vaterland den Einklang des menschlichen Lebens vertreibt, dann sollten wir sagen: »Friede sei mit der Pflicht und der Vaterlands-liebe.«

Nein, nein, mein Geliebter! Schenk meinen Worten keine Beachtung! Sei deinem Land gegenüber tapfer und treu. Hör nicht auf die Worte eines jungen Mädchens, das blind ist vor Liebe und sich im Abschied und im Alleinsein verliert.

Wenn die Liebe dich mir in diesem Leben nicht zurückgibt, so wird sie uns gewiss im kommenden Leben wieder vereinen.

Dein für immer

In einem historisch nicht erfassten Jahr

In diesem Moment tauchte hinter Weidenbäumen ein junges Mädchen, eine junge Frau auf. Während sie über das Gras schritt, hob sie die Schleppe ihres Gewandes, und dann blieb sie neben einem schlafenden Jüngling stehen. Sie legte ihre seidenzarte Hand auf seinen Kopf. Da schaute der Jüngling mit dem Blick eines Schläfers empor, den ein Sonnenstrahl geweckt hatte.

Er sah die Emirstochter neben sich stehen und fiel auf die Knie, wie es Moses getan hatte, als er den brennenden Dornbusch erblickte. Doch als er sprechen wollte, kam kein Wort über seine Lippen; aber seine tränenfeuchten Augen ersetzten jedes Wort.

Da umarmte ihn das Mädchen und küsste seinen Mund, und von seinen Augen küsste sie die heißen Tränen. Mit einer Stimme, anmutiger als die Klänge einer Flöte, sagte sie: Geliebter, ich sah dich in meinen Träumen! In meiner Einsamkeit und Unnahbarkeit sah ich dein Antlitz vor mir. Du bist der Gefährte meiner Seele, den sie vermisst und von dem sie getrennt lebt, seitdem sie zur Reise in diese Welt verurteilt wurde. Ich kam insgeheim zu dir, Geliebter, um dich zu treffen, und siehe da, nun halte ich dich in meinen Armen! Sei unbesorgt, Geliebter! Ich habe meinen Vater für immer verlassen, um dir zu den entlegensten und entferntesten Enden dieser Welt zu folgen. Mit dir werde ich den Kelch des Lebens und des Todes trinken! Steh auf, und lass uns von hier fortgehen, Geliebter, weit weg von den Menschen!

In der Obhut der Finsternis verließen die Liebenden schließlich den Ort, und sie ängstigten sich weder vor dem Zorn des Emirs noch vor den Geistern der Nacht.

Unter dem Gewand

Um Mitternacht erwachte Rachel und sah aufmerksam auf etwas Unsichtbares an der Decke ihres Zimmers. Sie hörte eine Stimme, besänftigend wie das Flüstern des Lebens, aber furchtbarer als der klagende Ruf des Abgrundes, lautloser als das Schlagen weißer Flügel und tiefer als die Botschaft der Wellen. Sie zitterte vor Hoffnung und Kraftlosigkeit, vor Freude und Not, vor Liebe zum Leben und zugleich vor Sehnsucht nach dem Tod. Dann schloss Rachel ihre Augen, seufzte tief und sagte: »Das Abendrot hat das äußerste Ende des Tales erreicht. Wir sollten in Richtung Sonne gehen und ihr begegnen.« Ihre Lippen waren geöffnet, zeigten ein Abbild und das Echo einer tiefen Wunde der Seele.

In diesem Augenblick kam der Priester, nahm ihre Hand und fand sie kalt wie Eis; und als er seine Finger fest auf ihr Herz legte, musste er erkennen, dass es unbeweglich war wie die Ewigkeit und stumm wie das Geheimnis seines eigenen Herzens. Der Geistliche neigte seinen Kopf in tiefer Verzweiflung. Seine Lippen bebten, als ob er ein göttliches Wort aussprechen wollte, das wiederhallen würde bei den Geistern der Nacht in den fernen, verlassenen Tälern.

Nachdem er ihre Arme über der Brust gefaltet hatte, sah er den Mann an, der in einer dunklen Ecke des Raumes saß, und sagte mit gütiger Stimme: »Die, die Ihr geliebt habt, ist in den Kreis des Lichtes eingetreten. Mein Bruder, kommt, wir wollen niederknien und beten.«

Schmerzerfüllt hob der Gatte seinen Kopf. Er starrte vor sich hin ins Leere. Dann änderte sich sein Gesichtsausdruck, als ob er im Geiste eines unbekannten Gottes Verständnis gefunden habe. Er sammelte sich, stand auf und ging ehrfurchtsvoll an das Bett seiner Frau. Er kniete sich an die Seite des Geistlichen, der betete, klagte und sich bekreuzigte. Der Priester legte seine Hand auf die Schulter des Schmerzgebeugten und sagte warmherzig: »Bruder, geht in den nächsten Raum, denn Ihr bedürft der Ruhe.« Dieser stand gehorsam auf, ging in das Zimmer und warf seinen müden Körper auf ein schmales Bett, und einige Augenblicke später war er auch schon in die Welt des Schlafes hinübergeglitten wie ein kleines Kind, das in den barmherzigen Armen der Mutter Zuflucht sucht.

Der Priester blieb wie eine Statue in der Mitte des Raumes stehen, während ein seltsamer Konflikt von ihm Besitz ergriff. Mit tränenerfüllten Augen blickte er zuerst auf den entseelten Körper der jungen Frau, dann durch den Vorhang auf ihren Gatten, der sich in den Bann des Schlafes geflüchtet hatte. Eine Stunde, länger als ein Zeitalter und quälender als der Tod, war bereits vergangen, und noch immer stand der Priester zwischen den beiden getrennten Seelen. Die eine träumte, wie eine Wiese nach der Kälte des Winters den kommenden Frühling erträumt, die andere schlief in ewiger Ruhe.

Dann trat der Priester ganz nahe an den Leichnam der soeben Verstorbenen heran und kniete nieder, als ob er vor einem Altar sein Opfer darbringen wollte. Er hielt ihre kalte Hand, presste seine zitternden Lippen darauf und sah in ihr Antlitz, das geschmückt war mit dem sanften Schleier des Todes. Seine Stimme war ruhig wie die Nacht, tief wie der Abgrund und gleichsam wankend zwischen allen Hoffnungen der Menschheit. Seine Stimme weinte: »Rachel, du Braut meiner Seele, höre mich. Endlich kann ich reden! Dein Tod hat meine Lippen geöffnet, so dass ich dir jetzt ein Geheimnis anvertrauen kann, größer als das Leben selbst. Der Schmerz hat meine Zunge gelöst, und ich kann dir meinen Kummer enthüllen, der noch größer ist als dieser Schmerz. Höre den Schrei meiner Seele, du reiner Geist, der du zwischen Himmel und Erde

schwebst. Schenk deine Aufmerksamkeit dem
Jüngling, der auf dich gewartet hat, als du vom Feld
kamst, der sich hinter den Bäumen versteckte, aus
Angst vor deiner Schönheit. Höre den Priester, der
Gott dient und dich nun anruft, ohne sich dessen zu
schämen, jetzt, da du die Stadt Gottes erreicht hast.
Ich habe die Kraft meiner Liebe bewiesen,
indem ich sie verborgen hielt!«
Daraufhin beugte sich der Priester über sie und
drückte drei lange, warme, stumme Küsse auf ihre
Stirn, ihre Augen und ihren Hals und verströmte
dabei das gesamte Geheimnis seines Herzens an Liebe
und Schmerz und den Kummer von Jahren. Dann
zog er sich plötzlich in eine dunkle Ecke zurück und
fiel vor Seelenqual zu Boden, zitternd wie ein Blatt im
Herbst, als ob die Berührung ihres kalten Gesichtes in
ihm den Geist der Reue wachgerufen hätte. Dann
fasste er sich wieder und kniete, sein Gesicht in den
Händen verborgen, und flüsterte leise: Gott, vergib
mir meine Sünde, vergib mir meine Schwachheit,
o Herr. Ich konnte nicht länger widerstehen, das zu
offenbaren, was du bereits wusstest. Sieben Jahre lang
habe ich tief in meinem Herzen das Geheimnis vor
den Stimmen der Welt verborgen, bis der Tod kam
und es mir entriss. Mein Gott, hilf mir, diese
furchtbare, schöne Erinnerung zu verbergen; sie

bringt die Süße des Lebens, aber Bitterkeit vor dir. O Herr, vergib mir, vergib mir meine Verführbarkeit.« Ohne noch einmal den leblosen Körper der jungen Frau anzusehen, fuhr er fort zu leiden und zu klagen, bis die Morgenröte erschien und einen rosafarbenen Schleier über die Szene breitete: Für den einen der beiden Männer fiel das Licht des Tages auf den Zwiespalt zwischen Liebe und Religion, für den anderen auf den Frieden von Leben und Tod.

Zwischen Sand und Schaum

Die Liebe bildet einen Schleier zwischen den Liebenden.

Jeder Mann liebt zwei Frauen, von denen die eine ein Geschöpf seiner Vorstellungskraft ist und die andere noch nicht geboren wurde.

Eine Liebe, die sich nicht von Tag zu Tag erneuert, wird zunächst zur reinen Gewohnheit und dann zur lästigen Pflicht.

Liebende schließen eher das in ihre Arme, was sie verbindet, als einander.

Die Liebe und der Zweifel waren nie gut aufeinander
zu sprechen.

Die Liebe ist ein Wort aus Licht, geschrieben von
einer Hand aus Licht auf einem Blatt aus Licht.
Als ich wie ein klarer Spiegel vor dir stand, blicktest
du in mich hinein und sahst dein eigenes Abbild.
Daraufhin sagtest du: »Ich liebe dich.« Tatsächlich
aber liebtest du dich selbst in mir.

Wenn du beginnst, es zu genießen, deinen
Mitmenschen zu lieben, dann hört diese Liebe auf,
eine Tugend zu sein.

Eine Liebe, die nicht ständig neu erblüht, ist zum
Tode verurteilt.

Salome zu einer Freundin
Ein Verlangen, das unerfüllt blieb

Er war wie Pappeln, die im Sonnenlicht schimmern,
und wie ein See zwischen einsamen Hügeln gelegen,
dessen Oberfläche im Sonnenlicht glänzt,

und wie Schnee, der auf den Berghöhen liegt:
weiß, ganz weiß, im Licht der Sonne.

Ja, Er war wie all diese Dinge.
Und ich liebte Ihn.
Dennoch fürchtete ich Seine Gegenwart.
Und meine Füße wollten die Last meiner Liebe
nicht tragen,
so dass ich Seine Füße mit meinen Armen hätte
umfassen können.

Ich hätte zu ihm gesagt:
»Ich habe deinen Freund in einer Stunde der Leiden-
schaft getötet.
Wirst du mir meine Sünde vergeben?
Und wirst du nicht gnädig sein und meine Jugend
freisprechen
von ihrer blindwütigen Tat,
auf dass ich in deinem Licht wandeln kann?«

Ich bin mir sicher, dass er mir verziehen hätte,
dass ich tanzte
für das heilige Haupt Seines Freundes.
Ich bin mir sicher, dass Er in mir so etwas
gesehen hätte
wie ein Beispiel Seiner eigenen Lehren.

Denn es gab kein Hungertal,
das Er nicht überbrücken konnte,
und keine dürstende Wüste,
die Er nicht durchqueren konnte.

Ja, Er war genauso wie die Pappeln
und wie die Seen zwischen den Hügeln
und wie der Schnee auf dem Libanon.
Und ich hätte meine Lippen in den Falten seines
Gewandes gekühlt.

Aber Er war weit weg von mir,
und ich schämte mich.
Und meine Mutter hielt mich zurück,
als mich das Verlangen überkam, Ihn zu suchen.

Jedes Mal, wenn er vorbeiging, verging mein Herz
aus Schmerz über Seine Lieblichkeit,
aber meine Mutter runzelte ihre Stirn
aus Verachtung für Ihn
und verscheuchte mich jedes Mal vom Fenster
in mein Schlafgemach.
Und jedes Mal fuhr sie mich an:
»Wer ist Er schon – nichts, als noch einer von diesen
Heuschrecken-Fressern aus der Wüste!

Nichts ist Er, als ein Spötter und Abtrünniger,
ein aufsässiger Unruhestifter, der uns Zepter und
Krone rauben würde
und die Füchse und Schakale Seines verfluchten
Landes
in unseren Hallen heulen und auf unserem Thron
sitzen lassen würde!
Geh und verbirg dein Gesicht vor diesem Tag,
und warte auf den Tag, wenn Sein Kopf rollen wird –
allerdings nicht auf deine Platte!«

All diese Dinge sagte meine Mutter.
Aber mein Herz wollte sich nicht an ihre Worte
halten.
Ich liebte Ihn im Geheimen,
und mein Schlaf war umgürtet von Flammen.

Er ist weggegangen.
Und etwas, das in mir war, ist mit ihm gegangen.
Vielleicht war es meine Jugend,
die hier nicht länger bleiben wollte,
da der Gott der Jugend getötet worden war.

Aus den Briefen an Mary Haskell

New York, 9. Oktober 1912

Ob ich mich dir nahe fühle? Habe ich mich denn
jemals fern von dir gefühlt? Bin ich dir nicht immer
mehr als nah? Schwebe ich nicht immer um dich
herum wie ein Vogel um sein Nest?
Zwischen uns, Mary, steht ein namenloser Gott,
dessen Füße standhaft sind, dessen Hände und Augen
stets geöffnet sind und dessen Geist unzerstörbar ist.
Eines Tages wirst du mich dies noch in einer anderen
Welt sagen hören – in einer Welt, die der Sonne
ähnlicher ist als diese.

New York, 20. Oktober 1912

Dein Brief markiert eine neue Epoche in meinem
Leben. Er setzt mich in Flammen. Ich habe den
Eindruck, als hätten wir beide der Welt den Krieg
erklärt. Und am Ende werden wir siegen. Ich
behaupte das jetzt mit allen Stimmen in meiner Seele.
Einen Monat früher hätte ich das noch nicht sagen
können: Ich bin kein Träumer mehr! Die Welt der
Träume ist schön, aber jenseits von ihr gibt es
Regionen, in denen das Absolute wohnt.

New York, 8. Februar 1914

Geliebte Mary, ich wünschte, ich könnte dir sagen, was mir deine Briefe bedeuten. Sie kreieren eine Seele in meiner Seele. Ich lese sie wie Botschaften des Lebens. Immer wenn mein Herz leer und benommen ist, spüre ich das große Verlangen, dass mir jemand sagt, dass es für alle leeren und verzagten Herzen ein Morgen gibt; und du tust dies immer, Mary.

New York, 3. Mai 1914

Geliebte Mary, die Segnungen des letzten Sonntags wirken noch nach. Ich habe diese wenigen Stunden viele Male vor meinem inneren Auge Revue passieren lassen. Alles, was du mir gesagt hast, habe ich mehrmals wiederholt, und jedes Mal fühlte ich wieder diese absolute Freude des absoluten Einverständnisses zwischen uns. Immer wenn du zu mir sprichst, eröffnest du mir die Wirklichkeit des Lebens sowie alle erfreulichen Dinge, die es verbirgt. Jedes Mal, wenn ich meine Lippen öffne, um mit dir zu reden, wird alles seltsam klar in mir. Du lässt mich meine Hand immer auf die hellste Stelle meiner Seele legen.

New York, 26. Februar 1924

Ich weiß, dass dir ein bisschen Liebe nicht genügt –
ebenso wie mir ein bisschen Liebe nicht genügt.
Du und ich, wir geben uns nicht mit wenig zufrieden.
Wir wollen viel. Wir wollen alles. Wir wollen den
Überfluss. Ich sage dir, Mary, dass in unserem Wollen
bereits die Erfüllung liegt; denn wenn unser Wollen
ein Schatten des Schattens Gottes ist, so erhalten wir
zweifelsfrei auch Licht vom Lichte Gottes.

Fürchte nicht die Liebe, Mary, fürchte nicht die
Liebe, du Begleiterin meines Herzens! Wir müssen
uns ihr überlassen – trotz allem, was sie in sich birgt
an Nöten, an Sehnsucht und Einsamkeit, und trotz
allem, was sie enthält an Verwirrung und Argwohn.

Die Geschichte einer Liebe

In einem verlassenen Haus saß ein Jüngling und
schaute bald durch das Fenster in den Sternenhimmel,
bald auf das Bild einer Frau, das er in Händen hielt.
Die Linien und Farben des Bildes spiegelten sich in

seinem Gesicht, auf dem man die Mysterien dieser
Welt und die verborgenen Dinge der Ewigkeit lesen
konnte. Das Bild zeigte das Gesicht einer Frau, die zu
ihm sprach; und seine Augen wurden zu Ohren,
welche der Rede der Geister lauschten, die im
Zimmer schwebten und die in den Herzen die Liebe
entzünden und sie mit Sehnsucht erfüllen.

So verging eine Stunde wie der Augenblick eines
lieblichen Traumes oder wie ein Jahr in der Ewigkeit.
Dann legte der Jüngling das Bild beiseite, nahm einen
Federhalter und einen Bogen Papier und schrieb:
»Geliebte meiner Seele, die großen, ewigen Wahrhei-
ten lassen sich nicht durch menschliche Worte über-
mitteln; vielmehr wählen sie das Schweigen als Brücke
zwischen den Seelen. Ich spüre, dass das Schweigen
dieser Nacht ein Bote zwischen unseren Herzen ist,
der Botschaften austauscht, die lieblicher sind als
diejenigen, welche die sanfte Brise auf das Antlitz
des Meeres schreibt, ein Bote, der uns die Buchseiten
unserer Herzen rezitiert. So wie Gott wollte, dass
unsere Seelen sich im Kerker unserer Körper befinden,
so hat es die Liebe gewollt, unser Fühlen zu
Gefangenen unserer Worte zu machen. Es heißt,
dass die Liebe sich im Herzen der Liebenden in ein
verzehrendes Feuer verwandelt. Geliebte, ich habe
erfahren, dass die Stunde der Trennung nicht die

Macht besaß, unsere Seelen voneinander zu trennen.
Seit unserer ersten Begegnung wusste ich, dass meine
Seele dich von Ewigkeit her kennt, und dass der erste
Blick, der dich einfing, in Wahrheit nicht der erste
Blick war. Diese Stunde, Geliebte, die unsere beiden
aus der göttlichen Welt fortgejagten Herzen wieder-
vereinigt hat, zählt zu den seltenen Stunden, die
meinen Glauben an die Göttlichkeit der Seelen und
ihre Unsterblichkeit aufrechterhielten. In einer solchen
Stunde reißt die Natur die Maske vom Gesicht ihrer
begrenzten Gerechtigkeit, die wir für Ungerechtigkeit
halten.

O meine Geliebte, erinnerst du dich an jenen Garten,
wo wir anhielten, um jeweils das Gesicht des anderen
zu betrachten! Weißt du, dass deine Blicke mir damals
verrieten, dass deine Liebe nicht dem Mitleid
entspringt. Sie lehrten mich, mir und der Welt zu
bekunden, dass die Gabe, die aus der Gerechtigkeit
erwächst, mächtiger ist als jene, die aus dem Mitleid
hervorgeht, und dass die Liebe, die ihren Ursprung
nicht in der Ewigkeit hat, einem stehenden Wasser
gleicht.

Geliebte, vor mir liegt ein Leben, das großartig und
schön sein soll, an das sich kommende Generationen
gern erinnern sollen und das ihren Respekt verdienen

möge; ein Leben, das begann, als ich dir begegnete,
und das meiner Überzeugung nach ewig währt.
Ich glaube, dass deine Liebe dazu fähig ist, die Kräfte
wirksam zu machen, die Gott mir anvertraut hat,
damit sie sich in Worten und Werken verkörpern,
so wie die Sonne die duftenden Blumen auf den
Feldern wachsen und blühen lässt. So wird die Liebe
mir und Generationen erhalten bleiben, und sie wird
frei bleiben von aller Ichsucht, um sich auszubreiten
und zu erheben über alle Nichtigkeiten des Lebens –
und sich dir weihen.«

Der Jüngling stand auf und ging langsam im Zimmer
auf und ab. Dann schaute er aus dem Fenster und sah,
dass der Mond aufgegangen war und sein silbernes
Licht verströmte. Er kehrte an seinen Platz zurück
und schrieb:
»Verzeih mir, Geliebte, denn ich sprach zu dir wie zu
einer fremden Person! Dabei bist du meine Hälfte,
die ich verlor, als wir gleichzeitig aus der Hand Gottes
hervorgingen. Geliebte, verzeih mir!«

Auf der Suche

Und siehe, die Tochter eines großen Königs erwachte
aus tiefem Schlaf und legte ihr seidenes Gewand mit
Perlen und Rubinen an und besprühte ihr Haar mit
Moschus und tauchte ihre Finger in Amber. Dann
stieg sie von ihrem Turm in den Garten hinab, wo der
Tau ihre goldenen Sandalen netzte.

Die Tochter des großen Königs suchte in der Stille der
Nacht Liebe, doch im ganzen unermesslichen Reich
ihres Vaters gab es keinen, der ihr Liebe schenken
wollte.

Wäre dies auch geschehen, wenn sie die Tochter eines
Bauern gewesen wäre, die die Schafe auf dem Felde
hütete und in der Abenddämmerung zum Hause ihres
Vaters zurückkehrte, den Staub der Straße noch an
den Füßen und den Geruch der Weinberge noch in
den Falten ihres Gewandes?

Gestern

Gestern gehörte mir ein Herz, das die Menschen und
sich selbst beruhigte – ich habe es verloren!

Dies war eine Epoche meines Lebens, die ich zwischen Liebesfreude und Liebesleid verbrachte.

Doch die Liebe ist wie ein Stern am Himmel, dessen Licht bei Tagesanbruch erlischt.

Die Freude der Liebe ist ein Luftschloss ohne Bestand und die Schönheit der Liebe ein Schatten, der nicht währt.

Und die Zeit der Liebe ist ein Traum, der vergeht, wenn die Vernunft erwacht.

Verliebte

Der erste Blick

Das ist die Minute zwischen der Ekstase des Lebens und seiner Entstehung, der erste Funke, der die Zellen des Geistes entzündet, der erste bezaubernde Ton, der auf der ersten Saite der Laute des menschlichen Herzens erklingt, der Moment, der dem geistigen Ohr die Kunde vergangener Zeiten zurückbringt und dem Blick die Mysterien der Nächte offenbart; er gleicht dem Wirksamwerden

des Geistes in dieser Welt und dem Geheimnis der
Unsterblichkeit in der zukünftigen Welt.
Er ist die Saat, die Astarte von oben aussät, damit
Augen sie in den Boden der Herzen säen, wo die Liebe
sie tränkt und der Geist sie zur Frucht heranreifen
lässt. Der erste Blick der Verliebten gleicht dem Geist,
der über den Fluten schwebte und aus ihnen Himmel
und Erde erschuf. Der erste Blick der Verliebten
entspricht dem Wort Gottes, wenn er sagt: »Sei!«

Der erste Kuss

Er ist der erste Schluck aus dem Becher, den die
Götter am Paradiesfluss der Liebe füllten. Er ist die
Grenze zwischen dem Zweifel, der das Herz
bekümmert, und der Gewissheit, die es beflügelt.
Er ist der Anfang einer Hymne, das erste Kapitel aus
dem Roman des neuen Menschen, das Bindeglied
zwischen den Wundern der Vergangenheit und der
Seligkeit der Zukunft, zwischen dem Schweigen
der Seele und ihrem Lobgesang.
Er kommt der zarten Berührung der Brise gleich,
die mit ihren Fingerspitzen sanft über die Blüten-
blätter der Rose streicht. Er ist der Beginn magischer
Erschütterungen, welche die Verliebten aus der Welt

der Tatsachen herausführen in die Welt der Träume
und Fantasien.

Und wenn der erste Blick der Saat gleicht, die die
Göttin der Liebe in den Boden des menschlichen
Herzens sät, so erinnert der erste Kuss an die erste
Blüte am ersten Zweig des Lebensbaums.

Die Vereinigung

Jetzt beginnt die Liebe, des Lebens Prosa zu schreiben
aus den Geheimnissen, welche die Tage besingen und
die Nächte psalmodieren. Die Sehnsucht erhebt den
Schleier von den Sinnlosigkeiten des Lebens und
schafft aus den geringsten Anlässen zur Freude ein
Glück, das nur vom Glück der Seele übertroffen wird,
die ihrem Schöpfer begegnet.

Die Vereinigung ist das Verschmelzen zweier
Gottheiten, um eine dritte zu schaffen. Sie ist die
Verbindung zweier Kräfte, in der Liebe gestärkt, die
einem Feind entgegentreten müssen, der vom Hass
geschwächt ist. Sie ist eine Mischung aus weißem
und rotem Wein zu einem Trank von der Farbe der
Morgenröte. Sie ist das goldene Glied in einer Kette,
deren erstes ein Blick und deren letztes die Ewigkeit
ist. Sie entspricht erfrischendem Regen, der vom

Himmel auf die heilige Erde prasselt, um ihre Kraft
zu erneuern.

Und wenn der erste Blick der Verliebten der Saat
gleicht, welche die Göttin der Liebe in den Boden des
Herzens streut, und der erste Kuss von ihren Lippen
wie die erste Blüte am Zweig des Lebens ist, so gleicht
die Vereinigung der ersten Frucht aus der ersten Blüte
dieser Saat.

Der mächtige Löwe

In der Finsternis der Nacht schreitet er gemessenen
Schrittes dahin, furchtbar und erschreckend wie die
Nacht selbst. Er ist einsam und verlassen, als hätte die
Erde nichts und niemand außer ihn hervorgebracht,
den starken, mächtigen Herrn.

Hoch aufgerichtet berührt er mit seinen Pranken
die Erde, wie der Wolkenrand die Berggipfel streift.
Es scheint, als wäre der Körper unter seinem Gewand
aus Strahlen, Dunst und Nebel gemacht.

Ich wandte mich an ihn und sprach: O Traumbild,
das den Lauf der Nacht regiert,
bist du ein Dschinn oder ein Mensch?

Voller Zorn entgegnete er, und Spott regte sich in
seiner Stimme:
Ich bin der Schatten des Schicksals!

Da antwortete ich: Da irrst du dich, Traumbild!
Der Schicksalsspruch starb an dem Tag,
als die Hände der Hebamme mich umfassten.
Er sagte verlegen: Ich bin die Liebe,
die das Leben gibt, das sie erhält.

Die Liebe im Reich der Ideen

Wer von der Liebe nicht als Diener erwählt wurde,
wird nichts hören, wenn die Liebe ruft.

Die Liebe ist die einzige Blume, die auch ohne Jahres-
zeiten wächst und gedeiht.

Die Liebe ist die einzige Freiheit in der Welt: Sie hebt
die Seele zu solchen Höhen empor, dass die Gesetze
der Menschheit und die Daseinsformen der Natur auf
ihrem Weg keinen Einfluss mehr haben.

In Demut gekleidet geht die Liebe an uns vorüber. Wir aber fliehen sie in Angst oder verstecken uns in der Dunkelheit. Oder aber wir verfolgen sie und tun in ihrem Namen Böses.

Liebe, die zwischen die Unbefangenheit und das Erwachen der Jugend hineintritt, gibt sich mit Besitzansprüchen zufrieden und wächst mit den Umarmungen. Jene Liebe aber, die im Schoß des Firmamentes ihren Ursprung hat und die zusammen mit den Geheimnissen der Nacht zur Erde hinabstieg, gibt sich mit nichts Geringerem als der Ewigkeit und der Unsterblichkeit zufrieden. Vor nichts steht sie in Ehrfurcht außer vor der Gottheit selbst.

Wenn es der Menschheit einfiele, den Reiterzug der Liebe zu einem Bett voll treuloser Motive zu geleiten, dann würde die Liebe genau an diesem Punkt aufhören. Denn die Liebe ist wie ein schöner Vogel, der zwar eingefangen werden will, sich dabei aber nicht verletzen lässt.

Die Liebe, nach der man strebt, ist wie ein Leiden, das zwischen Fleisch und Gebein angesiedelt ist. Erst wenn die Jugend vorbei ist, führt der Schmerz zu reichem und kummervollem Wissen.

Die Dunkelheit ist imstande, Bäume und Blumen vor den Augen zu verbergen, aber sie kann der Seele die Liebe nicht verheimlichen.

Wahre Liebe

Was für Toren sind diejenigen, die der Vorstellung erliegen, die Liebe entstünde durch lange Bekanntschaft und ununterbrochenes Beisammensein. Wahre Liebe ist die Tochter eines geistigen Verstehens, und wenn dieses Verstehen nicht in einem einzigen Augenblick erreicht wird, dann wird es nie erreicht werden – nicht in einem Jahr, nicht einmal in einem ganzen Jahrhundert.

Die Liebe ist in den Geistern
wie der Wein in den Kelchen.
Was davon zum Vorschein kommt, ist das Wasser,
und was verborgen bleibt, ist der Geist.

Der Abschied des Propheten

Zum Abschied

Inzwischen war es Abend geworden. Und Almitra, die Seherin sagte: Gesegnet seien dieser Tag, dieser Ort und dein Geist, der zu uns gesprochen hat. Und er erwiderte: War ich derjenige, der gesprochen hat? War ich nicht auch jemand, der zuhörte?

Dann stieg er die Stufen des Heiligtums hinab, und die gesamte Bevölkerung folgte ihm. Und als er sein Schiff erreicht hatte und schließlich an Deck stand, da wandte er sich noch einmal an das Volk und erhob seine Stimme und sprach: Bewohner von Orphalese, der Wind gebietet mir, euch zu verlassen.

Sollte meine Stimme aus euren Ohren und meine Liebe aus eurer Erinnerung zu entschwinden drohen, dann werde ich zurückkehren.
Und mit einem noch reicheren Herzen und Lippen, die sich ganz dem Geist unterworfen haben, werde ich sprechen.
Ja, ich werde zurückkehren mit der Flut! Und selbst wenn es dem Tod gelingen sollte, mich mit seinem größeren Schweigen zu umhüllen und so zu ver-

bergen, so will ich doch versuchen, euer Verständnis zu erlangen.

Und bei diesem Versuch werde ich nicht erfolglos sein. Denn, wenn nur ein Fünkchen Wahrheit in dem steckt, was ich euch gesagt habe, dann wird sich diese Wahrheit in noch klareren und euren eigenen Gedanken noch näher stehenden Worten äußern.

Ich laufe mit dem Wind aus, Volk von Orphalese, aber nicht, um in der Leere unterzugehen. Und sollte dieser Tag weder eure Bedürfnisse noch meine Liebe vollständig erfüllt haben, so lasst ihn ein Versprechen sein für einen zukünftigen Tag. Verändern sich auch die Bedürfnisse des Menschen, seine Liebe verändert sich nicht, genauso wenig wie sein Wunsch, dass seine Liebe diese Bedürfnisse befriedigen soll.

Nehmt daher zur Kenntnis, dass ich aus einer noch größeren Stille zu euch zurückkommen werde.

Es war die Unendlichkeit in euch.

Es war der Mensch in seiner Unermesslichkeit, im Vergleich mit dem ihr alle nichts weiter seid als eine Ansammlung von Zellen und Sehnen, im Vergleich zu dessen großem Gesang all euer Singen nichts weiter ist als ein lautloses Pulsieren.

Nur in ihm, dem unermesslichen Menschen, seid auch ihr unermesslich.

Und nur indem ich ihn wahrgenommen habe,
habe ich auch euch wahrgenommen und geliebt.
Denn welche Entfernungen kann die Liebe
überwinden, die nicht doch innerhalb dieser
unermesslichen Sphäre liegen?
Und welche Visionen, Erwartungen und Vermutun-
gen können über ihre Flugbahn hinaus aufsteigen?

Weise Männer sind zu euch gekommen, um euch an
ihrer Weisheit teilhaben zu lassen. Ich wiederum kam
hierher, um Anteil an eurer Weisheit zu haben. Und –
siehe da! – ich habe etwas viel Bedeutenderes als die
Weisheit entdeckt: Es lodert eine Flamme in eurem
Geist, die aus eigener Kraft um sich greift. Aber
während ihr damit beschäftigt seid, euren dahin-
schwindenden Tagen nachzutrauern, nehmt ihr
gar nicht wahr, wie dieses Feuer sich ausbreitet.
Nur dasjenige Leben fürchtet sich vor dem Grab,
das sich auf der Suche nach dem Sinn des Lebens
dem Körperlichen zuwendet.

Noch nicht einmal ein Versprechen habe ich euch
gegeben, und dennoch wart ihr großzügiger zu mir
als zu anderen: Denn mir habt ihr einen noch
brennenderen Durst nach Leben gegeben. Es gibt mit
Sicherheit kein größeres Geschenk für einen Menschen

als jenes, das all seine Ziele in ausgedörrte Lippen und alles Leben in einen Springbrunnen verwandelt.
Und ich fühle mich nun dadurch geehrt und belohnt, dass jedes Mal, wenn ich zu diesem Springbrunnen komme, um zu trinken, ich das Wasser des Lebens selbst durstig vorfinde. Und es trinkt von mir, während ich von ihm trinke.

Es stellt sich doch die Frage, ob es nicht eure liebevolle Aufmerksamkeit im Hinblick darauf, wie ich meine Tage und Nächte verbringe, war, die dem Essen in meinem Mund einen köstlichen Geschmack verlieh und meinen Schlaf mit Visionen umgab.
Dafür segne ich euch vor allem:
Ihr gebt so viel, ohne zu bemerken, dass ihr überhaupt etwas gebt.

Und ihr habt gesagt: »Er führt Beratungen mit den Bäumen im Wald aber nicht mit den Menschen.
Er sitzt allein auf den Anhöhen und sieht auf unsere Stadt herab.« Es ist wirklich wahr, dass ich auf die Anhöhen geklettert und in abgelegene Gegenden gewandert bin. Aber wie sonst als aus großer Höhe oder aus weiter Entfernung hätte ich euch beobachten können? Wie kann jemand den Dingen wirklich auf den Grund gehen, ohne auf Abstand zu gehen?

Und andere unter euch forderten mich heraus – nicht mit direkten Worten, sondern indem sie sagten: »Fremder, Fremder, Liebhaber unerreichbarer Höhen, warum hältst du dich auf den Anhöhen zwischen den Gipfeln auf, wo Adler ihre Horste bauen? Warum suchst du das Unerreichbare? Welche Stürme willst du in deinem Netz fangen und welche schemenhaften Vögel am Himmel jagen? Komm und sei einer von uns! Steige zu uns herab und stille mit unserem Brot deinen Hunger und lösche mit unserem Wein deinen Durst!«

Ich würde mir wünschen, dass ihr euch an mich als einen Neuanfang erinnert.
Das Leben und alles Lebendige wurde im undurchsichtigen Nebel empfangen und nicht im klaren Kristall.
Und wer weiß, vielleicht ist ein Kristall nichts anderes als Nebel, der sich auflöst?

Ach könntet ihr doch bloß die Gezeiten dieses Atems sehen, ihr würdet aufhören, irgendetwas anderes wahrzunehmen. Und könntet ihr das Flüstern dieses Traumes hören, ihr würdet kein anderes Geräusch mehr wahrnehmen.
Aber weder seht ihr, noch hört ihr – und das ist gut so.
Der Schleier, der eure Augen umwölkt, wird von

genau den Händen gelüftet werden, die ihn gewebt
haben. Und der Lehm, der eure Ohren verstopft,
wird von denselben Fingern durchbohrt werden,
die ihn geknetet haben.
Und dann werdet ihr sehen.
Und dann werdet ihr hören.
Aber ihr werdet es keineswegs bereuen, erfahren zu
haben, was es heißt blind zu sein, noch wird es euch
Leid tun, taub gewesen zu sein.
Denn an jenem Tag werdet ihr die bis dahin
verborgene Bestimmung, die allen Dingen eigen ist,
erkennen und werdet die Dunkelheit als einen
genauso großen Segen wie das Licht ansehen.

Und er sagte:
Ich bin bereit.
Der Strom hat die See erreicht, und noch einmal
presst die mächtige Mutter ihren Sohn an die Brust.

Leb wohl, Volk von Orphalese.
Dieser Tag neigt sich dem Ende zu.
Er schließt sich über uns gerade so wie die Wasserlilie
sich über ihrem eigenen Morgen schließt.
Was uns hier gespendet wurde, können wir behalten,
und für den Fall, dass es nicht reichen sollte, müssen
wir wieder zusammenkommen und gemeinsam unsere

Hände dem freigiebigen Spender entgegenstrecken. Vergesst nicht, dass ich zu euch zurückkommen werde.

Nur noch ein kurzes Weilchen, bis meine Sehnsucht den Staub und die Gischt zusammentragen wird, um einen anderen Körper zu formen.

Nur noch ein kurzes Weilchen, nur noch ein kurzer Augenblick der Rast, getragen vom Wind, bis mich eine andere Frau gebären wird.

Ein Lebewohl an euch und an meine Jugend, die ich mit euch verbrachte. Es scheint, als seien wir uns erst gestern in einem Traum begegnet.

Aber nun ist unser Schlaf geflohen, unser Traum ist geträumt, und die Morgendämmerung und die Benommenheit des Aufwachens ist dem heranbrechenden Tag gewichen. Die Mittagsflut ist aufgelaufen, und es heißt Abschied nehmen. Sollten wir uns im Zwielicht des Erinnerns noch einmal begegnen, dann werden wir wieder miteinander sprechen, und ihr werdet mir ein tiefgründigeres Lied vorsingen.

Während er dies sagte, gab er den Seeleuten ein Signal. Sofort lichteten sie den Anker, lösten die Taue des Schiffes vom Kai und glitten gen Osten.

Almitras Blick folgte schweigend dem Schiff, bis es im fernen Dunst verschwunden war. Und selbst als sich alle anderen Leute zerstreut hatten, stand sie noch immer ganz allein auf der Mauer des Kais und erinnerte sich tief in ihrem Herzen an das, was er gesagt hatte:

»Nur noch ein kurzes Weilchen, nur noch ein kurzer Augenblick der Rast, getragen vom Wind, bis mich eine andere Frau gebären wird.«

Khalil Gibran wurde am 6. 12. 1883 in Becharré im Libanon geboren. Er gehört zu den in der westlichen Welt bekanntesten Dichtern des Orients.

Gibrans Werke gelten als maßgeblicher Beitrag der kulturellen Renaissance der arabischen Welt im Westen. Sie sind ein Symbol für die Versöhnung zwischen dem Christentum und dem Islam. Mit seinem Buch »Der Prophet«, das millionenfach verkauft und in mehr als zwanzig Sprachen übersetzt und übertragen wurde, erlangte er Weltruhm und Kultstatus.

ISBN 3-579-05601-8
© Kiefel/Gütersloher Verlagshaus GmbH, Gütersloh 2002

Redaktion: Kathrin Steltenpohl, Oerlinghausen
Umschlaggestaltung: Init GmbH, Bielefeld
Reproduktion: Peter Karau, Bochum
Satz: Fotosetzerei Steggemann, Bad Salzuflen
Druck und Verarbeitung: Meminger MedienCentrum, Memmingen
Printed in Germany

www.kiefelverlag.de